AF317950

OBSERVATIONS

SUR LA

SITUATION FINANCIÈRE

ADRESSÉES

A L'ASSEMBLÉE NATIONALE

PAR

Achille FOULD,

ANCIEN DÉPUTÉ.

MAI 1848.

SE TROUVE A PARIS,

A LA LIBRAIRIE DE NAPOLÉON CHAIX ET Cie,

Rue Bergère, 8, près le boulevart Montmartre.

OBSERVATIONS

SUR LA

SITUATION FINANCIÈRE

ADRESSÉES A L'ASSEMBLÉE NATIONALE

PAR

ACHILLE FOULD,

ANCIEN DÉPUTÉ.

———————

La situation de nos finances était fort compromise lors de la chute du dernier gouvernement. Une série de fautes avait amené les choses à ce point, qu'un changement complet dans la direction des affaires et de très sérieuses réformes pouvaient seuls nous préserver des plus graves dangers. Pour obtenir ces réformes il aurait fallu une conviction unanime, et cette conviction, les efforts les plus persévérants n'avaient pas réussi à la faire naître ; on aimait mieux s'étourdir, se confier à l'optimisme des ministres qu'accepter la vérité, même de ses propres amis. L'épuisement du crédit sous toutes les formes nous conduisait rapidement à l'impuissance ; les yeux semblaient devoir rester fermés jusqu'à cette triste épreuve, lorsqu'une manifestation décisive et inattendue est venue subitement éclairer tous les esprits.

Au milieu des obstacles immenses que le gouvernement provisoire avait à surmonter en succédant à la monarchie, les embarras financiers étaient une de ses plus graves difficultés. Cependant, si la révolution amenait avec elle de nouveaux dangers, elle apportait aussi ses avantages. Sans responsabilité des fautes du passé, elle pouvait recourir à des moyens dont un gouvernement régulier n'aurait pu se servir. L'opinion publique y était préparée ; elle appelait même de ses vœux des mesures énergiques et efficaces. La tâche du Gouvernement provisoire devait être d'envisager la situation dans son ensemble, et d'atténuer par des dispositions générales et décisives les conséquences de la crise qui allait éclater. C'était ainsi que l'on pouvait mettre un terme aux désastres industriels et commerciaux qui, sous l'influence d'une conduite incertaine, se sont multipliés à l'infini ; c'est ainsi seulement que l'on pouvait sauver une foule de négociants et de fabricants dont la ruine a entraîné dans une misère commune d'innombrables travailleurs.

Le ministre qui fut le premier chargé de l'administration des finances avait eu l'espoir et l'ambition de maîtriser la crise ; il pensait que le meilleur moyen d'inspirer de la confiance était d'en montrer beaucoup lui-même. Rien ne fut suspendu dans la marche des opérations journalières du Trésor, on alla même, par l'anticipation du semestre de la rente, au-devant de ses obligations. Les événements devaient bientôt manifester les dangers de cette conduite.

Pour ceux à qui la révolution venait de remettre le pouvoir, il était constant que l'édifice financier du Gouvernement déchu était bâti sur le sable, et qu'il devait être renversé par la première crise. Le 24 février, cette crise avait éclaté plus violente qu'aucune de celles que l'imagination eût pu prévoir; n'en pas mesurer dès le premier jour les conséquences, c'était faillir à la situation. Il fallait se mettre résolument à l'œuvre, faire mieux que ceux qu'on remplaçait, montrer qu'on apportait un système réfléchi, convenu d'avance, et prouver autrement que par des paroles que la République nous sauverait de la banqueroute : funeste extrémité à laquelle, malgré mes inquiétudes assez hautement manifestées, je n'ai jamais cru que la France fût *fatalement* conduite. Agir autrement, c'était réhabiliter le passé, c'était compromettre la révolution elle-même.

L'Assemblée nationale vient de se réunir. Je n'en fais point partie: le devoir et l'honneur de proclamer la République appartenaient à ceux qui n'avaient point partagé ma confiance dans les institutions de Juillet, qui n'avaient pas pensé comme moi qu'il valait mieux ramener par la persuasion qu'abattre par la violence; mais je ne me crois pas, pour cela, dégagé envers mon pays. Pendant les six dernières années, je me suis spécialement occupé des questions de finances à la Chambre des députés, et si dans une étude consciencieuse, si dans les occupations de toute ma vie j'ai acquis quelque expérience, les réflexions que je viens humblement soumettre aux Représentants de la nation ne seront ni sans utilité ni sans à-propos.

Je me propose d'établir la situation du Trésor au 24 février et à un moment plus rapproché de nous; j'essaierai d'analyser rapidement les principaux actes financiers du Gouvernement provisoire, et de signaler à l'Assemblée nationale ceux qui me semblent contraires aux droits et aux intérêts du pays.

J'ai la conviction qu'en décrétant des contributions nouvelles, en modifiant le système de nos impôts, le Gouvernement provisoire a outrepassé ses pouvoirs; qu'il a manqué à ses propres engagements. Mon opinion est conforme à ses propres déclarations. Voici ce qu'il proclamait dans un acte officiel signé de tous ses membres, le 29 février.

[1] « Mais il croit de son devoir le plus rigoureux de rappeler aux citoyens que tout système d'impôt ne saurait être décidé par un Gouvernement provisoire, qu'il appartient aux délégués de la nation tout entière de juger souverainement à cet égard ; que *toute autre conduite impliquerait de sa part la plus téméraire usurpation.* »

Le ministre des finances fera sans doute connaître à l'assemblée les motifs qui l'ont décidé à s'écarter de la ligne qui était indiquée par la situation et qu'il s'était tracée lui-même. L'Assemblée saura apprécier ses actes, tout en faisant la part des obstacles que son patriotisme avait à surmonter. Mais le contrôle est son droit et son devoir. Ce contrôle, dans l'intérêt du pays, comme dans celui de sa propre dignité, elle saura l'exercer.

La situation du Trésor au 24 février n'a pas été donnée d'une manière complète ni parfaitement exacte par M. Garnier-Pagès dans son rapport du 9 mars.

La dette flottante [2] s'élevait à	959,067,921 fr.	92 c.
M. le ministre la porte à. . .	872,000,000	»
La différence de.	87,067,921	92

provient de ce que le ministre n'a pas compris dans son

---

(1) *Moniteur* du 1er mars 1848.
(2) En y comprenant les caisses d'épargne.

évaluation les rentes 5 %, 3 %, les actions des quatre et des trois canaux appartenant aux caisses d'épargne, qui, n'étant pas réalisables dans le moment de trouble où se trouvait le crédit, ne pouvaient en rien soulager le passif du Trésor.

Le rapport omet en outre un des éléments de la situation, *l'actif*. Il ne fait connaître que le passif.

Or, le 24 février, l'actif se composait :

Du solde en numéraire et à la

Banque, s'élevant à . . . .   135,000,000 fr.

Des valeurs de portefeuille à. . .   55,000,000

Ainsi, un milliard à payer, cent trente-cinq millions en caisse, telle était en termes ronds la situation du Trésor.

Le budget ordinaire laissait entrevoir un déficit de 48,000,000 fr. qui eût été probablement dépassé ; quant au budget extraordinaire, qui comprend les chemins de fer, les travaux publics de tout genre, et les approvisionnements spéciaux de la marine, il n'avait d'autres ressources qu'une vingtaine de millions à recevoir des compagnies concessionnaires et les termes de l'emprunt de 250,000,000 fr. négocié le 10 novembre 1847, dont une partie avait été payée d'avance. Toutes ces ressources disparaissaient avec la révolution.

Un des premiers devoirs du Gouvernement, et surtout du ministre des finances, était d'examiner les nécessités du service et les voies et moyens.

Les embarras de la situation n'étaient pas du fait de la révolution, mais elle devait tenir à honneur de les liquider : c'était sa gloire, c'était son intérêt.

Le ministre qui fut le premier chargé de cette grande mission ne l'avait acceptée que par dévouement.

Doué d'un caractère ferme, l'honorable M. Goudchaux a marqué son court passage au ministère par des mesures d'ordre et de justice : mais il est à regretter qu'il n'ait pas apprécié d'une manière plus exacte les difficultés de la tâche dont il avait consenti à se charger, qu'il n'ait pas compris de suite que le crédit profondément troublé par la Révolution lui ferait complétement défaut, que les dépenses allaient s'accroître, les recettes diminuer.

Placé en face de ressources aussi disproportionnées avec les besoins, la conduite à suivre semblait indiquée.

Garder les fonds en caisse pour assurer le service; par un arrangement équitable et facultatif convertir en rentes et les dépôts des caisses d'épargne et les bons du Trésor; faire appel au patriotisme des citoyens pour les engager à anticiper le payement des contributions; au besoin, emprunter à la Banque. On arrivait facilement ainsi à l'Assemblée nationale.

Mais le ministre, tenant à honneur de ne pas suspendre les remboursements aux caisses d'épargne ni le payement des bons du Trésor, ouvrit ses caisses lorsqu'il devait les fermer. Les conséquences de cette erreur ont pesé et pèseront encore longtemps sur la situation.

Le 5 mars, M. Goudchaux pria le Gouvernement provisoire de lui rendre sa liberté; il fut remplacé par M. Garnier-Pagès.

L'administration de cet honorable membre du Gouvernement provisoire a eu tous les caractères de la dictature.

En assumant un semblable pouvoir, M. Garnier-Pagès a compris, sans doute, l'étendue de la responsabilité qui pèserait sur lui. Fort de sa loyauté, à laquelle chacun rend hommage, il défendra ses actes, il dira les exigences qu'il a subies, les obstacles qu'il a rencontrés devant et à côté de lui ; les représentants du peuple feront la part du temps et des circonstances. Mais la fortune et la puissance du pays sont tellement liées à son administration financière, que l'Assemblée devra mûrement peser les mesures prises et celles qui lui seront proposées. J'ai suivi attentivement les actes de M. Garnier-Pagès. Quelques-uns m'ont paru regrettables pour le présent, dangereux pour l'avenir. Je les signalerai avec une entière bonne foi, une sincère conviction à l'Assemblée nationale. Elle avisera.

Au moment de l'entrée de M. Garnier-Pagès au ministère des finances, la situation du Trésor s'était déjà sensiblement modifiée. En neuf jours, le solde en caisse avait diminué de 27 millions ; de 135,000,000, il était descendu à 108. Il était temps encore d'ouvrir les yeux et de changer de conduite. Cependant rien n'indique que le nouveau ministre ait apprécié la situation d'une manière plus juste que son prédécesseur ; tout prouve au contraire qu'il a partagé ses illusions.

Le rapprochement de plusieurs décrets, la contradiction qu'ils présentent, suffiront pour démontrer que son administration a manqué de l'ensemble et de la décision qu'on puise dans une appréciation exacte des ressources et des besoins.

[1] Le 7 mars, paraît une proclamation du Gouvernement provisoire qui déclare que le Trésor tiendra tous ses engagements ; que les caisses d'épargne sont placées sous la garantie de la loyauté de la nation ; que, de toutes les

---

(1) Voyez *Moniteur* du 8 mars.

propriétés, la plus inviolable, la plus sacrée, c'est l'épargne du pauvre.

(1) Le 9 mars, M. Garnier-Pagès rend un décret dans lequel il qualifie de capitaux de spéculation la plus grande partie des dépôts des caisses d'épargne. Ceux qui viennent les retirer sont accusés de malveillance. Les àcomptes payés en numéraire sont limités à 100 fr. par livret; pour le reste des dépôts, on offre des bons du Trésor ou des rentes 5 °/₀ au pair, lorsque bons et rentes perdent de 30 à 40 °/₀.

(2) Le 7 mars, une proclamation du Gouvernement provisoire s'exprime en ces termes :

« Déjà le Gouvernement provisoire a pourvu à tout. Il
» recherche avec activité les moyens de diminuer dans
» une large proportion les dépenses de l'État; il a la
» certitude d'y parvenir; le reste regarde les citoyens;
» leur sort, celui de l'industrie, l'avenir et la prospérité
» du travail national sont entre leurs mains. Le Gouver-
» nement les adjure d'y aviser. En même temps, il
» n'exige *d'eux aucun sacrifice extraordinaire.* Pour pa-
» rer à ces difficultés financières que la prudence com-
» mande impérieusement de prévoir, une simple antici-
» pation dans la rentrée des impôts suffira. Que tous *les*
» *citoyens versent immédiatement et par anticipation dans*
» *les caisses du Trésor ce qui leur reste à payer sur leurs*
» *contributions de l'année, ou au moins les six premiers*
» *douzièmes, et toutes les difficultés financières sont vain-*
» *cues.* »

(1) Voyez *Moniteur* du 10 mars.

(2) Voyez *Moniteur* du 8 mars.

[1] Le 16 mars, sur un rapport de M. Garnier-Pagès, le Gouvernement provisoire rend un décret qui impose 45 centimes sur le total du rôle des quatre contributions directes, payables immédiatement.

Plus tard, s'apercevant du mauvais effet de cette mesure, le ministre revient, en quelque sorte, sur le décret; il en rend l'exécution arbitraire et inégale, il établit des exceptions sans règle, sans garantie, abandonnées aux caprices des autorités locales.

[2] Le 9 mars, le ministre avait déclaré que le service des bons du Trésor était assuré.

Le 16, un nouveau décret en suspend le payement. Le ministre offre, en échange de nouveaux bons ou des rentes au pair qui perdent jusqu'à 48 %.

Je m'arrête. Pousser plus loin ces rapprochements n'aboutirait qu'à la stérile satisfaction d'une critique tardive et facile ; mais je ne puis m'empêcher de faire ressortir les conséquences de cette marche saccadée et incertaine. La première et la plus fatale a été la destruction de la confiance et du crédit. La Banque de France n'y a pas résisté.

Du 26 février au 15 mars, le Trésor en avait retiré 77 millions. Cette somme avait servi à éteindre [3] 44 millions de bons du Trésor, à satisfaire aux nombreuses demandes de remboursement des caisses d'épargne, à maintenir l'amortissement sur le trois pour cent (services arrêtés successivement depuis et qu'il aurait fallu suspendre dès le premier jour).

(1) Voyez *Moniteur* du 17 mars.
(2) Voyez *Moniteur* du 10 mars.
(3) Voyez *Moniteur* du 17 mars

En retirant ses fonds de la Banque, le Gouvernement était dans son droit; mais il y a des droits dont la prudence et l'intérêt public commandent d'user avec ménagement; en exerçant le sien sans mesure, en affaiblissant subitement la réserve métallique de la Banque, le ministre alarma la Banque et le public; on venait en foule au remboursement des billets; la peur devint bientôt une véritable panique, et la Banque [1], qui, par la largeur et la promptitude de ses opérations, avait espéré dominer la crise, fut obligée, le 16 mars, de suspendre ses payements en numéraire. Elle demanda et obtint du Gouvernement provisoire que ses billets fussent réputés monnaie légale, mesure grave à laquelle, dans les diverses révolutions, dans les temps les plus critiques que nous ayons traversés depuis cinquante ans, on n'avait pas eu besoin d'avoir recours. Une autre conduite pouvait sauver la Banque de la suspension, et épargner ainsi aux transactions commerciales une grande gêne, de grands sacrifices; à l'honneur et au crédit du pays, une tache qui ne s'effacera pas de longtemps

L'empressement des citoyens à acquitter d'avance les contributions avait été tel, que dans le mois de mars seulement, les versements avaient excédé de 24 millions le douzième exigible [2]. Cet empressement se ralentit dès qu'on connut le décret qui imposait 45 centimes extraordinaires, et force fut de demander à la Banque une somme de 50 millions. Cet emprunt vint mettre le comble au discrédit : le jour où il fut connu, la rente 5 pour cent

(1) Voyez *Moniteur* du 16. Rapport du gouverneur de la Banque.

(2) Voyez *Moniteur* du 15 avril.

baissa à 55, le 3 pour cent à 35, pour tomber plus bas encore le lendemain.

Je ne dois pas omettre de parler du système que M. Garnier-Pagès avait adopté pour assurer le service de l'État. Le 9 mars, à la suite d'un rapport au Gouvernement provisoire, dans lequel le ministre promettait le prompt rétablissement des finances, il proposa quatre mesures qui furent immédiatement converties en décrets :

Un emprunt national en rentes 5 pour cent, au pair;

La vente des diamants et de l'argenterie de la couronne;

L'aliénation des biens de la liste civile;

Une vente de cent millions des forêts de l'État.

Ces décrets pouvaient avoir un but politique. Je ne rechercherai pas si, sous ce rapport, ils ne présentaient pas plus d'inconvénients que d'avantages; mais au point de vue financier, leur utilité fut nulle; au point de vue du crédit, leur effet fut déplorable.

En 1830, on avait essayé d'un emprunt national dans les mêmes conditions, et bien que la perturbation dans le monde social et politique ne fût ni aussi profonde ni aussi prolongée, le résultat fut insignifiant. L'emprunt national, après beaucoup d'efforts, produisit lentement, péniblement, une somme de vingt et un millions.

En 1848, *le résultat fut nul.* Il n'a pas été versé à Paris, pour l'emprunt national, une somme de 10,000 fr. *en numéraire.* Le montant *nominal* des versements est plus considérable, mais il provient d'échanges de bons du Trésor contre des coupons de l'emprunt national; cette conversion n'atteint pas vingt millions.

Elle n'a donné aucune ressource au Trésor ; elle était pour les capitalistes détenteurs de bons le seul moyen de faire de l'argent. Ces bons étaient tombés dans un tel discrédit, que, sans la faculté de conversion qui fut donnée par le décret du 16 mars, il eût été impossible de les négocier à aucun prix. Les détenteurs, que la nécessité de satisfaire à des obligations engagea à convertir, vendirent immédiatement leurs rentes et perdirent ainsi 30 et 40 °/₀ des fonds qu'ils avaient placés sous la sauvegarde de la bonne foi de l'État. Ce n'est pas tout à fait la banque-route ; mais on conviendra que cette mesure, comme celle prise pour les caisses d'épargne, y ressemble beaucoup.

L'argenterie de la couronne fut fondue. A-t-elle produit un million ? C'est là le plus clair des ressources créées par ces quatre décrets. Quant aux biens de la liste civile, aux forêts de l'État, on ne les a pas mis en vente, et on a bien fait. Le moment ne pouvait être plus mal choisi pour opérer cette vente, sans compromettre les intérêts du pays.

La conduite à suivre pour atténuer les conséquences de la crise était simple et facile. Elle m'avait semblé tellement évidente, tellement indiquée par les circonstances, que, n'écoutant que ma profonde conviction et mon désir d'être utile à mon pays, j'allai faire appel à la vigilance de ceux aux mains desquels la révolution venait de remettre l'administration de nos finances. La communauté d'opinions que j'avais eue souvent avec eux au sujet des réformes financières me donnait l'espoir d'être écouté ; mais mes efforts échouèrent devant la confiance qui animait et M. Goudchaux et M. Garnier-Pagès.

Je l'ai déjà dit et je crois devoir le répéter encore :

Le 24 février, le Trésor avait :

En caisse. . . 135,000,000 fr.

En portefeuille. 55,000,000

L'anticipation des douzièmes devait procurer en deux mois. 50,000,000

Ensemble. . . 240,000,000 fr.

qui, à raison de deux millions par jour, suffisaient à combler la différence entre les dépenses et les recettes pendant cent vingt jours. J'examinerai plus tard si les dépenses du Gouvernement provisoire depuis le 24 février jusqu'au moment de la réunion de l'Assemblée nationale n'ont pas excédé cette proportion ; mais au lieu de cent vingt jours, l'intervalle à traverser n'était que de soixante-dix ; les ressources indiquées devaient donc laisser un excédant [1].

La conversion en rentes à un taux équitable des dépôts des caisses d'épargne et des bons du Trésor offerte facultativement, en donnant aux créanciers de l'État des valeurs facilement réalisables, les préservait de la ruine et de la misère, en même temps qu'elle soulageait le Trésor du plus sérieux embarras que lui eût légué le gouvernement déchu.

Ces mesures prises avec ensemble, annoncées simultanément, en prouvant au public que le service de l'État était assuré, arrêtaient la chute du crédit, sauvaient une foule d'établissements et maintenaient l'activité dans les ateliers. Le ministre des finances préféra suivre une autre marche. Sans égard pour la position des malheu-

---

[1] On avait en réserve pour le cas de guerre, le doublement des contributions directes et un emprunt à la Banque.

reux qui avaient placé leurs épargnes sous la sauvegarde de la loyauté de la Nation et pour ceux qui n'avaient d'autres ressources que les bons du Trésor pour faire face à leurs engagements, il leur imposa la cruelle alternative d'un sacrifice énorme ou d'un attermoiement fatal.

Si l'administration de la trésorerie a eu une fâcheuse influence sur le crédit, les décrets qui ont établi des impôts nouveaux n'ont pas moins affecté la confiance publique. En effet, un des droits dont les peuples se sont toujours montrés le plus jaloux, est celui de consentir librement l'impôt; la plus grande liberté a toujours régné en France dans la discussion sur ces matières, et les contributions mal réparties ou non consenties par le peuple ont plus souvent troublé l'État que les disputes les plus vives sur les formes de gouvernement.

Ce droit, la proclamation du 29 février l'avait formellement reconnu. Comment le Gouvernement provisoire a-t-il si vite mis en oubli la sage réserve qu'il s'était d'abord imposée? Quelle est la raison d'État qui l'a forcé à tout agiter, tout modifier ? Rien n'a échappé à ses décrets; l'assiette des impôts, le mode de perception, les impôts eux-mêmes, tout s'est improvisé, renouvelé aux yeux de la nation inquiète et surprise de voir traiter avec une si grande légèreté une de ses prérogatives les plus précieuses.

Les actes financiers du Gouvernement ne sont pas moins regrettables au point de vue de leur résultat économique et social, que sous celui de la légalité et du crédit.

En effet, le décret qui a établi l'impôt des 45 centimes n'est pas seulement un empiétement sur les droits de la Nation, il consacre un acte impolitique inopportun et injuste.

Impolitique, parce qu'au début de la révolution, une aggravation de charges qui ne se justifiait pas par la nécessité , pouvait nuire à l'établissement de la République.

Inopportun, parce que coïncidant avec la demande d'anticipation des contributions ordinaires, et les contribuables n'ayant pas les moyens de s'acquitter sous les deux formes à la fois, il devait être et a été improductif.

Injuste, parce qu'il est devenu en quelque sorte facultatif, et que même, sans les nombreuses exceptions autorisées par le Ministre, il ne pèserait pas également sur toute la population.

On sait, en effet, que beaucoup de communes et de départements se sont imposé dans des vues d'utilité, ou par suite de circonstances malheureuses, un nombre plus ou moins considérable de centimes additionnels : ces centimes s'ajoutent au principal des contributions directes ; or, le décret en faisant porter les 45 centimes extraordinaires sur le total, au lieu de les limiter au principal des quatre contributions directes, ménage les localités les plus riches et charge davantage celles qui sont déjà le plus grevées.

Cette disproportion est un des motifs qui ont soulevé le plus d'oppositions contre le décret du 16 mars ; car, de tous les torts, celui qu'on pardonne le moins à l'impôt, c'est l'inégalité.

La contribution des 45 centimes n'est pas la seule qu'ait imposée le Gouvernement provisoire.

Le 20 avril a paru un décret établissant, pour l'année 1848, une contribution directe sur les créances hypothécaires , fixée à 1 °/₀ du capital, soit un cinquième et quelquefois un quart du revenu résultant de ces créances.

Il est probable que cet impôt ne sera pas acquitté avant que l'Assemblée nationale ne lui ait donné sa sanction ; il est donc à propos d'examiner s'il est bien assis, s'il est équitable et s'il sera productif.

Le revenu est pour la propriété foncière la base de nos impôts ; la propriété mobilière n'y a pas jusqu'à présent contribué dans la même proportion. La pensée du Gouvernement provisoire est qu'elle doit supporter sa part dans les charges publiques. Cette pensée est juste; mais l'application qui en est faite par le décret du 20 avril ne repose-t-elle pas sur une base restreinte et arbitraire ? Et d'abord, il n'est pas juste de dire que la créance hypothécaire échappe à l'impôt : elle paie 1 % de droit d'enregistrement à l'origine, et 1/2 % de droit de quittance quand elle s'éteint ; elle paie un droit d'hypothèque, et si on y ajoute les frais d'acte, le papier timbré de la minute et de l'expédition, on trouvera que c'est environ 2 1/2 % de son capital que paie la créance hypothécaire. Or, en admettant que les prêts aient trois ans de durée en moyenne, c'est plus de 3/4 % de la valeur que la créance hypothécaire paie annuellement. Ces frais, il faut le reconnaître, sont à la charge de l'emprunteur, et le but du décret est d'atteindre le capitaliste. Mais est-on sûr que le prêteur ne trouvera pas le moyen de faire payer l'impôt à l'emprunteur, et ne fera-t-on pas ainsi élever pour l'avenir le taux de l'intérêt des prêts à percevoir? Pourquoi d'ailleurs établir une différence entre la créance hypothécaire, l'obligation, le billet à ordre, les rentes, les actions de banque, les actions industrielles, et enfin le capital mobilier tout entier?

Cet impôt ne sera pas productif; en effet, son assiette

est étroite, et le décret la restreint encore par des exceptions.

Il y a en outre des exemptions qui résulteront de la na-
ture même des choses. Plus de la moitié des créances hypothécaires échapperont au droit, les unes parce qu'elles
n'arrivent pas en ordre utile et qu'elles sont sans valeur,
les autres parce qu'elles reposent sur des débiteurs qui,
gênés par l'impôt, par la baisse des produits, ou par les
désastres industriels, ne peuvent payer ni capital ni intérêts.

Exigera-t-on le droit du créancier qui ne reçoit rien,
au risque de ne plus frapper la créance, mais le porteur
de la créance, et de détruire, en restreignant ces transactions, une branche importante du revenu de l'État?

Déjà ce revenu est atteint par le décret; que son application soit temporaire ou permanente, le nombre des
prêts sur hypothèques diminuera, au grand détriment de
l'agriculture et de l'industrie; et le Trésor public, au lieu
de trouver une ressource dans le nouvel impôt, éprou-
vera, non-seulement en 1848, mais à l'avenir, une réduc-
duction dans les recettes.

Il est donc à désirer que l'Assemblée nationale apporte
la plus sérieuse attention à l'examen du décret du 20
avril.

Celui du 19 n'est pas moins digne de toute sa sollici-
tude. Ce décret a pour objet de supprimer, à Paris et dans
les villes des départements, les droits d'octroi sur la
viande de boucherie, et de décider que leur produit sera
remplacé par une taxe spéciale et progressive sur les
loyers au-dessus de 800 francs, et par un impôt somptuaire sur les voitures de luxe, sur les chiens, sur les

domestiques mâles, quand il y aura plus d'un domestique mâle attaché à une famille.

Rien de plus louable que le but que s'est proposé le Gouvernement provisoire en rendant le décret. Rien n'est plus désirable, en effet, que de mettre au plus bas prix possible les aliments propres à ajouter aux forces et au bien-être des travailleurs ; mais a-t-on pris le meilleur moyen pour obtenir cet utile résultat ?

Le droit d'octroi sur la viande de boucherie rapportait à la ville de Paris environ 5,000,000 francs.

Si l'on admet que la moitié de cette somme soit à la charge des travailleurs, c'est 2,500,000 fr. dont leur nourriture se trouvera dégrevée ; c'est-à-dire qu'ils payeront la viande environ 4 centimes de moins par demi-kilogramme.

Ce serait déjà certainement une amélioration ; mais l'abandon des droits de l'octroi entraînera-t-il nécessairement la réduction du prix de la viande? cela est fort problématique. Il est à craindre qu'une économie aussi fractionnée disparaisse dans le commerce de détail ; qu'au lieu de profiter au consommateur, la différence n'arrive pas jusqu'à lui, et ne se partage entre le producteur et le débitant.

Mais, en admettant même que la réduction du prix ait lieu, n'aggrave-t-on pas d'une manière déplorable la condition des travailleurs par la substitution d'impôts somptuaires aux droits d'octroi sur la viande, et ne faut-il pas rechercher quelles seront les conséquences de l'impôt somptuaire ainsi que de la taxe sur les loyers ?

Déjà, à la suite de la révolution, beaucoup d'appartements ont été abandonnés : les uns vivent à la campagne;

d'autres, et surtout les étrangers, ont quitté la France. Les loyers ont, par ces motifs, subi une très-forte dépréciation, et il est très-probable que la crainte d'une taxe progressive fera rechercher les appartements du prix le plus modéré.

Il ne faut donc point s'attendre à un produit considérable de cette taxe ; et quant à l'impôt somptuaire, le revenu, qui eût été peu important au milieu d'une prospérité générale, sera aujourd'hui presque nul.

En effet, bien des fortunes ont été détruites ou considérablement diminuées depuis le 24 février. Cependant, par humanité, ceux mêmes qui avaient le plus souffert se faisaient un devoir de conserver, les uns leurs domestiques, les autres, leurs serviteurs et leurs voitures.

En les frappant doublement, et par la taxe sur les loyers et par l'impôt somptuaire, on donnera aux uns un motif, aux autres un prétexte de congédier leurs domestiques et de renoncer à leurs voitures.

Au lieu de leur imposer une charge nouvelle, il aurait été désirable en ce moment d'encourager les personnes atteintes dans leur fortune à ne point opérer ces réformes.

Les domestiques qu'on aura ainsi privés de leurs moyens d'existence, trouveront-ils une compensation dans la réduction du prix de la viande ?

N'imposera-t-on pas ainsi un surcroît de dépense aux ateliers nationaux ?

Les travailleurs eux-mêmes ne souffriront-ils pas cruellement des lois somptuaires ?

Il est constant que l'influence de ces lois sera de réduire le luxe ; or, l'industrie parisienne fabrique annuellement pour six cents millions de produits, sur lesquels il y a cinq cents millions d'objets de luxe, orfévrerie, bijouterie, bronze, carrosserie, sellerie, peinture, dorure, meubles, tapisserie, instruments de musique, passementerie, plumasserie, parfumerie, modes, nouveautés, fleurs artificielles, bimbelotterie, et une foule d'autres articles dont la main-d'œuvre forme en grande partie le prix de revient. Si on calcule qu'elle y entre seulement pour un tiers, c'est cent soixante-six millions que les travailleurs retirent de cette fabrication déjà tellement compromise. Si, par le fait des lois somptuaires, elle diminue seulement d'un cinquième, c'est plus de trente-trois millions de salaires qu'on ôte aux travailleurs. Ainsi d'une main on leur donne deux millions et demi, de l'autre on leur en retire trente-trois. Est-ce par des mesures semblables qu'on prétend servir leurs intérêts ?

Le calcul que je viens d'établir, et qui est si affligeant pour les travailleurs de Paris, peut s'appliquer à d'autres villes de France. Quant au revenu, il est à craindre qu'il ne soit lui-même atteint par cette modification, et que la taxe sur les loyers et l'impôt somptuaire ne remplacent pas dans les finances municipales le vide qu'y fera la suppression des droits d'octroi sur la viande. Il faudra alors recourir à un nouvel impôt, à l'ancien peut-être, et on aura, par une application intempestive des impôts somptuaires, compromis leur établissement pour l'avenir, sacrifié les intérêts mêmes qu'on voulait protéger.

Ce décret et celui sur les créances hypothécaires ont causé une vive inquiétude. On est moins préoccupé des décrets en eux-mêmes que de la perturbation qu'ils semblent devoir apporter dans l'économie de notre législation financière.

Tous les deux proclament la supériorité du système

de l'impôt progressif sur celui de l'impôt proportionnel.

Le décret du 20 avril est absolu sur ce point. Il s'exprime ainsi :

« Avant la Révolution, l'impôt était proportionnel, donc il était injuste. Pour être réellement équitable, l'impôt doit être progressif. »

Il est impossible d'admettre, ni la conséquence logique de l'argument, ni l'application absolue de l'un ou de l'autre système, et, pour preuve, le ministre déroge lui-même, dans le décret qui suit ce préambule, au mode qu'il proclame comme le seul équitable ; car le droit de un pour cent sur les créances hypothécaires établit un impôt proportionnel et non pas un impôt progressif.

Il y a un grand danger dans ces idées nouvelles et exclusives jetées légèrement dans les lois de finances. De si considérables modifications troublent et alarment les intérêts lorsqu'elles ne sont point rapprochées des faits et qu'elles ne sont pas déterminées par l'application elle-même. Le mode et la limite pouvaient prévenir les objections et les alarmes , et c'était manquer de prudence que de proclamer le principe sans en régler l'exécution. Il n'y a point de matière plus ardue, plus digne d'attention, que le mode de perception et l'assiette de l'impôt. Une enquête sérieuse, faite par l'Assemblée nationale , est le seul moyen de dissiper les préventions, d'éclairer les esprits et d'arriver à la vérité.

L'enquête est aussi le seul moyen de réaliser la solution du grand problème social qui a été soulevé par la Révolution de Février; elle fera jaillir la lumière au milieu de ces opinions qui s'entrechoquent avec tant de disparate et de violence.

Des intérêts et des droits qui semblent aujourd'hui in-
conciliables peuvent et doivent être conciliés. Tout en
assurant la liberté du travail et de l'industrie, le sort des
travailleurs et de leurs familles doit être garanti contre
les conséquences des crises industrielles, de la suspension
des travaux, des infirmités et de la vieillesse. C'est la con-
sécration d'un grand principe humanitaire et politique;
c'est à la fois le devoir et la sécurité de tout État civilisé.

Le résultat de l'enquête sera de séparer les améliorations sociales qui sont d'une application désirable et possible, des changements qui blessent les règles établies de
la justice et menacent d'ébranler dans ses fondements les
bases de la société. Mais il ne faut pas que ces doctrines
soient préjugées par les lois; il ne faut pas que des décrets
financiers viennent, au risque de faire passer dans l'application les doctrines les moins expérimentées, prendre
place dans la législation du pays, sans avoir reçu la sanction du pouvoir national.

La tendance de ces décrets semble être de transformer
en contributions directes tous les impôts de consomma-
tion. Car aucune autre ressource n'est indiquée pour rem-
placer dans les finances le vide qu'y causeront l'abolition
de l'impôt du sel, la suppression d'une partie des droits
d'octroi, celle de l'exercice sur les débitants de boissons,
et d'autres mesures encore, sollicitées par de grands et
légitimes intérêts.

Je ne saurais trop m'élever contre un pareil système:
l'impôt direct est la ressource des temps de guerre; en
abuser pendant la paix, c'est abandonner les véritables
intérêts de la Nation; c'est risquer de compromettre son
honneur et son indépendance.

On se tromperait étrangement aussi en pensant assurer par là le bien-être des travailleurs. En effet, ce changement dans l'assiette de l'impôt n'amènera-t-il pas le renchérissement de tous les objets nécessaires à leur existence? L'impôt n'est-il pas une partie intégrante du prix de revient de tous les produits de l'agriculture, comme de tous les objets manufacturés? Avant de vendre son bétail, son blé, sa laine, le cultivateur, comme le fabricant avant de vendre ses produits, ne doivent-ils pas faire le compte de ce qu'ils ont coûté à produire, et ne sont-ils pas obligés de fixer le prix de vente d'après le prix de revient?

Si l'impôt entrait pour un dixième dans le coût de la production, et que sous différentes formes vous doubliez l'impôt, les produits agricoles et manufacturés subiront une augmentation correspondante et d'autant plus considérable que vous aurez en même temps élevé le salaire des journées et réduit leur durée.

Les classes laborieuses perdront d'un côté ce qu'elles auront gagné de l'autre, et peut-être davantage ; car l'augmentation du prix de nos produits agricoles et manufacturés réduira le commerce d'exportation, et fera perdre aux travailleurs une partie de leurs salaires.

Il y a d'autres moyens d'arriver à un soulagement réel; c'est dans la réduction des dépenses publiques et dans une différente répartition des impôts indirects eux-mêmes qu'il faut les chercher.

Le but qu'on doit se proposer est d'arriver, par une pondération équitable des charges et des avantages, à mettre l'aisance à la place de la pauvreté; car ce n'est pas en détruisant la richesse qu'on fera disparaître la misère.

Une étude approfondie, une discussion contradictoire, des renseignements recueillis auprès de tous ceux qui peuvent jeter la lumière sur la question du remaniement des impôts fera connaître le meilleur système à adopter, tout en démontrant les dangers de celui qui a été introduit dans la législation du pays par le Gouvernement provisoire. L'Assemblée nationale saura se défendre de l'entraînement qu'il a subi ; car rien n'est plus dangereux pour la société, rien ne prépare de plus amers regrets aux hommes d'État que des concessions faites à des préventions irréfléchies, à des passions violentes et injustes. Les préventions se dissipent, les passions se calment, et la confusion devient le partage de ceux qui n'ont pas su se placer assez haut pour les dominer.

Qu'il me soit permis de citer à ce sujet les paroles qu'écrivait, en 1789, Hamilton, l'un des principaux rédacteurs de la constitution des États-Unis.

« Je sais qu'il y a des gens près desquels le pouvoir exé-
» cutif ne saurait mieux se recommander qu'en se pliant
» avec servilité aux désirs du Peuple ou de la législature ;
» mais ceux-là me paraissent posséder des notions bien
» grossières sur l'objet de tout gouvernement, ainsi que
» sur les vrais moyens de produire la prospérité pu-
» blique.

» Que les opinions du Peuple, quand elles sont raison-
» nées et mûries, dirigent la conduite de ceux auxquels il
» confie ses affaires, c'est ce qui résulte de l'établissement
» d'une constitution républicaine ; mais les principes ré-
» publicains n'exigent pas qu'on se laisse emporter au
» moindre vent des passions populaires, ni qu'on se hâte
» d'obéir à toutes les impulsions momentanées que la mul-
» titude peut recevoir par la main artificieuse des hommes
» qui flattent ses préjugés pour trahir ses intérêts.

» Le peuple ne veut, le plus ordinairement, qu'arriver

» au bien public, ceci est vrai ; mais il se trompe souvent
» en le cherchant. Si on venait lui dire qu'il juge toujours
» sainement les moyens à employer pour produire la
» prospérité nationale, son bon sens lui ferait mépriser de
» pareilles flatteries, car il a appris par expérience qu'il
» lui est arrivé quelquefois de se tromper ; et ce dont on
» doit s'étonner, c'est qu'il ne se trompe pas plus souvent,
» poursuivi, comme il l'est toujours, par les ruses des
» parasites et des sycophantes ; environné par les piéges
» que lui tendent sans cesse tant d'hommes avides et sans
» ressources, déçu chaque jour par les artifices de ceux
» qui possèdent sa confiance sans la mériter, ou qui
» cherchent plutôt à la posséder qu'à s'en rendre dignes.

» Lorsque les vrais intérêts du Peuple sont contraires à
» ses désirs, le devoir de tous ceux qu'il a préposés à la
» garde de ses intérêts est de combattre l'erreur dont il
» est momentanément la victime, afin de lui donner le
» temps de se reconnaître et d'envisager les choses de
» sang-froid. Aussi est-il arrivé plus d'une fois qu'un peu-
» ple sauvé des fatales conséquences de ses propres er-
» reurs, s'est plu à élever des monuments de sa recon-
» naissance aux hommes qui avaient eu le magnanime
» courage de s'exposer à lui déplaire pour le servir. »

Quelle actualité dans ces sentiments exprimés, il y a
près de soixante ans, par un des plus illustres fondateurs
de la République américaine !

Dans son rapport du 9 mars, M. Garnier-Pagès a fait
ressortir que le Gouvernement déchu a dépensé dans les
deux cent soixante-huit derniers jours de son existence,
c'est-à-dire du 30 avril 1847 au 24 février de cette
année, 294,000,000 francs au-delà de ses ressources

ordinaires, soit 1,100,000 francs par jour. Il y a dans ce calcul une erreur qu'il convient de rectifier. Cette erreur provient de ce que M. le ministre des finances n'a pas tenu compte de la différence du solde en caisse aux deux époques.

Ainsi que je l'ai déjà dit, le Trésor possédait en numéraire le 24 février une somme de. .   135,000,000 fr.

Or, le 30 avril 1847, le solde en caisse n'était que de.   47,000,000

Différence.   88,000,000

qui réduit à 206,000,000 fr. la somme portée à 294,000,000 fr. par M. Garnier-Pagès.

Le déficit journalier pendant ces deux cent soixante-huit jours ne s'est donc pas élevé à 1,100,000 fr., mais à 760,000.

Quelle a été la marche des dépenses et des recettes depuis la révolution?

Le 24 février, ainsi que je l'ai déjà dit, le solde du Trésor en numéraire et à la Banque était de   135,000,000

Dans le mois de mars, l'anticipation des payements sur les contributions directes a produit en sus du douzième exigible [1]. .   24,000,000

Le 30 mars, la Banque a prêté au Trésor   50,000,000

209,000,000

Le 4 mai, le solde du Trésor à la Banque était de [2]. . . . .   22,000,000 } 32,000,000

Le numéraire en caisse.   10,000,000 }

177,000,000

[1] J'ignore ce que cette anticipation et les 45 c. ont produit dans le mois d'avril.

[2] *Moniteur* du 5 mai.

De sorte que l'excédant des ressources
sur les dépenses ordinaires s'est élevé en
soixante-onze jours à.................. 177,000,000
Soit parjour à 2,500,000.

Je ne compte pas me prévaloir de l'énorme différence
que constate le rapprochement des deux époques pour
établir un parallèle favorable à la première : je ne mécon-
nais pas les nécessités auxquelles le Gouvernement avait
à pourvoir ; mais j'ai voulu rétablir l'exactitude des faits,
et j'ai d'autant plus le droit de le faire, dans l'intérêt de
la vérité, que j'ai toujours combattu le déplorable système
d'anticipation des derniers ministres du gouvernement
déchu.

Les chiffres que je viens de citer ne doivent pas avoir
pour effet d'augmenter les inquiétudes qui se sont ré-
pandues dans le public sur la situation financière. Cette
situation est loin de me paraître désespérée. Ce n'est
pas parce que nos recettes seraient diminuées de 120
millions, nos dépenses accrues de 150 millions dans une
année, que nous devrions mettre en doute le maintien
de la fidélité de nos engagements. La France a pu les
respecter dans des circonstances que je ne veux pas rappeler, où son crédit et sa richesse subissaient de bien
plus cruelles épreuves.

Des ressources ont d'ailleurs été déjà créées. Lorsque
l'Assemblée nationale aura donné sa sanction à l'impôt
des 45 centimes, le Trésor pourra compter sur une rentrée de 160 millions ; la Banque est déjà venue au secours
de nos embarras ; quelques économies ont été réalisées,
d'autres devront l'être encore. La ferme volonté de l'Assemblée viendra en aide au gouvernement, pour établir et

pour le présent et pour l'avenir un équilibre constant et
certain dans le budget. Si les recettes n'égalent pas les dépenses, elle saura mieux que ne l'a fait le dernier gouvernement réduire les dépenses au niveau de recettes : elle
ne s'arrêtera pas là. Dans son profond désir d'améliorer
la condition de toutes les classes, elle parviendra par une
sévère économie des deniers publics à amener progressi-
vement de nouvelles diminutions dans les impôts. Par un
examen consciencieux et approfondi de notre système de
contributions indirectes et de douanes, elle pourra, tout
en réduisant les droits sur les objets qui composent l'ali-
mentation, les vêtements et les instruments de travail,
améliorer le sort des travailleurs et assurer de nouvelles
ressources au Trésor.

Plus puissante que les gouvernements qui l'ont précé-
dée, la République, se plaçant au-dessus de toutes les in-
fluences et de tous les priviléges, ne prendra conseil que
du bien de tous, ne s'appuyera que sur l'intérêt général.

Il était impossible, au milieu des obstacles et des difficultés de tout genre qui entouraient le Gouvernement
provisoire, de lui demander de ces réformes larges et
productives qui doivent nécessairement amener de gran-
des réductions dans nos dépenses. Cette tâche, l'Assemblée saura l'accomplir; elle examinera s'il y a nécessité de
conserver les armements considérables qui viennent d'être
décidés par le Gouvernement provisoire, et s'il n'est pas
possible de mettre un terme aux sacrifices qu'ils imposent
à la Nation.

Si, comme il faut l'espérer, la paix peut être mainte-
nue, elle réduira en France et en Afrique les charges
d'un établissement militaire disproportionnée avec nos

ressources et nos besoins ; elle saura, par un contrôle indépendant et sévère des dépenses publiques, assurer le bon emploi du produit de l'impôt et sa réduction.

Mais, quelle que soit l'importance de la question financière, il faut que chacun le sache bien, elle est subordonnée à la question politique. En fondant avec promptitude, mais avec maturité, un gouvernement entouré de toutes les garanties d'ordre et de force, en établissant la République sur des bases larges qui assurent, avec la liberté, les droits et les intérêts de tous, l'Assemblée aura décidé du sort des finances ; elle aura fait plus, elle les aura sauvées !

Les moyens de crédit à employer pour résoudre les difficultés du moment sont faciles à trouver ; les livrer à la publicité serait peut-être compromettre leur succès. Le choix de ceux auxquels il conviendra de recourir doit d'ailleurs être déterminé par les circonstances.

Quant aux améliorations à introduire pour l'avenir dans notre système financier, elles sont nombreuses ; elles touchent à bien des points, à notre administration, à nos institutions de crédit, à nos moyens de trésorerie, à l'assiette et à la répartition des impôts ; les traiter dans cette publication ce serait en excéder les limites et la portée. Lorsque les projets de M. Garnier-Pagès, annoncés depuis que ces lignes ont été écrites, seront connus, il sera peut-être temps d'entreprendre ce travail.

Ce que je tiens à dire aujourd'hui, c'est que l'Assemblée ne saurait trop se tenir en garde contre l'emploi de ces moyens extraordinaires dans lesquels beaucoup d'esprits sont tentés de voir l'unique chance du retour du crédit. Ce n'est pas par des combinaisons plus ou moins ingénieuses, plus ou moins hardies ou nouvelles, qu'on parviendra à le rétablir. Fondez une bonne organisation politique et sociale, assurez la paix, et sous l'impulsion d'une administration ferme et intelligente, la confiance renaît, le crédit et le travail reprennent, les dépenses diminuent, les revenus augmentent, des ressources vous sont offertes de tous les côtés.

Sans ces conditions, les embarras de nos finances, au lieu de diminuer, s'aggraveront de jour en jour et deviendront pour la République un des plus graves périls qu'elle ait à redouter.

Si, dans le cours de ces observations, il m'était échappé quelque pensée amère, quelque expression qui ait pu blesser les personnes, je le regretterais profondément : mes critiques ne s'adressent qu'aux faits ; je respecte et j'honore les intentions de ceux dont j'ai attaqué les actes. En provoquant les études et l'attention de tous ceux qui sont appelés à prononcer sur ces importantes questions, j'ai cru accomplir un devoir, j'ai pensé que je servais mon pays. Si je me suis trompé dans les aperçus que j'ai pris la liberté de soumettre à l'Assemblée nationale, elle rendra justice à mes sentiments, et si je n'ai pas éclairé la discussion que j'aurai fait naître, j'ai l'espoir que la contradiction en fera jaillir la lumière.

Mai 1848.

IMPRIMERIE CENTRALE DE NAPOLÉON CHAIX ET Cⁱᵉ, RUE BERGÈRE, 8,

9 782019 257781